AF313746

HOMELIE XV.

POUR LE SECOND DIMANCHE D'APRÉS PASQUES,

SUR LE BON PASTEUR.

Par M. le Curé de S. Sulpice de Paris.

A PARIS,

Chez RAYMOND MAZIERES, ruë S. Jacques, prés la ruë du Plâtre, à la Providence.

M. DCCVII.

AVEC APPROBATION ET PRIVILEGE DU ROY.

TEXTE

DU SAINT EVANGILE

SELON SAINT JEAN.

EN ce temps-là Jesus dit aux Pharisiens :
je suis le bon Pasteur : le bon Pasteur donne sa vie pour ses brebis. Mais le Mercenaire,
& celuy qui n'est point Pasteur, à qui les
brebis n'appartiennent pas, voit venir le loup
& il abandonne ses brebis, & s'enfuit, & le
loup ravit & disperse les brebis. Or le Mercenaire s'enfuit, parce qu'il est mercenaire, &
qu'il ne se soucie pas des brebis. Je suis le bon
Pasteur, je connois mes brebis, & mes brebis
me connoissent comme mon Pere me con-
noist, & que je connois mon Pere & je donne ma vie pour mes brebis. Et j'ay d'autres bre-

bis qui ne font pas de cette bergerie , & il faut qu'on me les amene. Et elles entendront ma voix , & il n'y aura qu'un feul bercail , & qu'un Pafteur. *En faint Jean chap.* 10. *v.* 11.

HOMELIE QUINZIÉME

SUR

LE BON PASTEUR.

ENTRE tous les noms sous lesquels il a plu à la Sagesse Divine de désigner Jesus-Christ dans les Ecritures, comme de Medecin, parce qu'il nous guerit ; de Docteur, parce qu'il nous enseigne ; d'Avocat, parce qu'il nous défend ; de Pontife, parce qu'il nous sanctifie, & qu'il intercede pour nous ; il n'y en a point qui nous touche davantage de tendresse & d'amour, que celuy de Pasteur, comme il n'y en a point qui nous convienne mieux que celuy de brebis, & d'agneaux : d'où vient la devotion des premiers Chrestiens de faire réprefenter sur les vaisseaux sacrez, le Sauveur du monde sous la forme de bon Pasteur rapportant sur ses épaules la brebis éga-

M m m m iij

rée : & fans doute cela n'eft ainfi arrivé que par d'excellentes raifons ; car nous apprenons par-là.

1°. La douceur du gouvernement de Jefus-Chrift, qui ne nous eft pas propofé comme un lyon menaçant, mais comme un Pafteur aimable, qui conduit ceux qui luy font foumis, non avec l'épée, mais avec la houlette : écoutons les humbles expreffions du premier des Pafteurs, qui dès le commencement a banni jufqu'au mot de domination du gouvernement Ecclefiaftique, *non dominantes in Cleris* : qui veut que l'autorité de Pafteur ne foit qu'une émanation de l'exemple qu'il donne à fes brebis, *fed forma facti gregis ex animo* : qui ordonne auffi bien que l'Apoftre faint Paul, qu'on ne faffe pas même la correction avec hauteur, mais par voye de remontrance refpectueufe, & de tendre avertiffement, *feniorem ne increpaveris, fed obfecra ut patrem, juvenes ut fratres, anus ut matres* ; & qui enfin ne promet de recompenfe de la part du Pafteur, qu'à ceux qui auront imité cette conduite ; *& cum appropinquaverit princeps Paftorum percipietis immarcefcibilem gloriæ coronam.* Admirons cet efprit répandu dans les Conciles, & les plus anciens Peres, qui nous apprennent que les armes des Miniftres de l'Eglife, auffi bien que leur force, & leur vertu doit confifter dans les prieres, & dans les larmes, *arma Clericorum orationes & lacrymæ* : comment n'eftre pas édifié d'une telle douceur ? comment ne fe foumettre pas à une telle conduite paftorale ?

2°. La docilité des brebis qui compofent le bercail de Jefus-Chrift, lefquelles font attentives à fa voix,

qui obeïssent à ce souverain Pasteur, à son Evangile, à ses Apostres, à ses Ministres, aux Superieurs
qui le réprésentent, à l'Eglise, à ses preceptes, à ses
loix, à ses usages, à sa conduite, *& erunt omnes do-*
cibiles Dei; qui écoutent la parole exterieure du Pasteur visible qui leur parle au dehors ; mais qui reçoivent l'intelligence de ce qu'on leur dit exterieu-
rement, du Pasteur invisible qui les instruit au dedans,
ainsi que dit saint Augustin, *ab hominibus quidem au-*
diunt, quod autem intelligunt, intus datur, intus coruscat,
intus revelatur; qui entendent sa voix cachée dans les
Ecritures, & dans les prédications, par lesquelles il
fait retentir à leur cœur ses réprehensions, ses exhortations, ses menaces, ses promesses, & qui luy obeïssent, & le suivent : qui le connoissent par la scien-
ce, par la foy, par la contemplation : qui sont in-
struites de longuemain de ses volontez, de ses sen-
timens, de son esprit, qui s'y soumettent & qui y
entrent; *& cognoscunt me mea.*

3°. L'esprit de sacrifice qui doit paroistre dans les
membres du corps mystique du Sauveur, comme il
a paru dans leur chef. Je vous supplie, mes Freres,
dit l'Apostre saint Paul aux premiers Fideles, que vous
fassiez de vos corps une hostie vivante au Seigneur,
Fratres obsecro vos, ut exhibeatis corpora vestra hostiam vi-
ventem, sanctam, Deo placentem : N'allez pas chercher
de l'encens dans l'Arabie, dit saint Augustin : n'allez
pas curieusement foüiller dans les marchandises d'un
riche négociant de rares parfums pour les offrir au
Seigneur, & les faire brûler sur son Autel ; vous avez

en vous une victime bien plus précieuse à luy immoler : *Non eas in Arabiam thus quærere, non avari negotiatoris merces excutias* : sacrifiez-luy vos convoitises dereglées, & vos sens immortifiez, *cogitationes illicitas macta*, c'est l'hostie qu'il attend de vous, & qu'il recevra en odeur de suavité, *hoc odore placatur Dominus*, continuë le mesme Pere : Souvenez-vous que les brebis fidelles sont reputées des victimes destinées au sacrifice, *oves occisionis*, ou selon le corps ou selon l'esprit, & qu'une pieté constante est un martyre continuel, *Deo dicata devotio pro martyrio reputatur*. Soyez donc martyr de la patience, de la mortification, de la chasteté, de l'obéïssance, & des autres vertus, qui feront mourir en vous le vieil-homme.

4°. L'esprit de penitence, de religion, & d'humilité qui doit reluire dans le bercail du Fils de Dieu : premierement, parce que l'exercice du Pasteur à l'égard des brebis, rappelle en nôtre esprit l'idée de la premiere institution, où l'homme dominoit sur les bestes ; figure d'un domaine bien plus relevé qu'il avoit sur ses inclinations animales & sensuelles, & nous fait souvenir de la vie pastorale des anciens Patriarches.

En second lieu, parce que nous apprenons par-là que la sagesse incréée de celuy qui nous gouverne est encore plus élevée au dessus de nôtre raison, que nôtre raison mesme n'est élevée au dessus de l'instinct naturel qui dirige les animaux privez de raison ; *nos autem populus ejus & oves pascuæ ejus* : & par consequent que nous devons immoler sans peine nos lumieres à son autorité.

Troisiémement

Troisiémement, parce que le fidele accoûtumé à ne se pas contenter de la lettre, ni de ce qu'il voit, comprend qu'il n'y a qu'un seul & veritable Pasteur qui nous gouverne par le ministere exterieur de ceux qu'il a préposez dans son Eglise, par lesquels, comme par des instrumens animez de son esprit, il nous parle, il nous dirige, il nous sanctifie, *nos ministrorum locum tenemus, qui verò sanctificat & immutat, ipse est*, dit saint Chrysostome : de sorte que nous qui vous repaissons, ô brebis du Seigneur, sommes tellement vos Pasteurs, que nous sommes encore davantage les brebis de ce Pasteur suprême qui n'en a point au dessus de luy : *sub quo pastore uno, in grege uno, & pastores ipsi sunt oves*, dit saint Augustin, parce que comme ajoûte excellemment ce grand Docteur : Celuy qui s'est fait brebis pour souffrir pour tous, a merité d'être fait le pasteur de tous : *omnes quippe fecit suas oves, pro quibus est omnibus passus, quia & ipse ut pro omnibus pateretur, ovis est factus.* Et ainsi nous n'avons tous qu'un seul bercail pour nous retirer, qui est l'Eglise, & un seul pasteur pour nous gouverner, qui est Jesus-Christ, suivant sa parole même : *& fiet unum ovile, & unus pastor.*

5°. Enfin la qualité de pasteur en Jesus-Christ nous fait voir le soin continuel qu'il a de nous, car tous les autres emplois ont leur temps de repos : le laboureur aprés avoir cultivé & ensemencé son champ, attend en paix la saison de la recolte, *ultrò enim terra germinat primùm herbam, deinde spicam, deinde plenum frumentum in spica :* Les Magistrats & les Professeurs ont leurs vacances, les ouvriers cessent leurs travaux à

N nnn

certains jours & à certaines heures : & chaque profeſſion a un temps de délaſſement pour reprendre des
forces : mais l'office de paſteur ne ſouffre point d'in-
terruption, il demande un ſoin continuel, une ap-
plication perpetuelle, & qui ne doit pas eſtre inter-
rompuë d'aucun moment : agité d'inquietude, il n'a
pas le loiſir de ſe mettre à l'abry des ardeurs du ſo-
leil pendant le jour, ni de fermer les yeux pendant
la nuit, *diu noctuque urebar, fugiebatque ſomnus ab oculis
meis*, diſoit le ſaint Paſteur & Patriarche Jacob, ainſi
qu'auroient pû dire les paſteurs qui veilloient ſur
leurs troupeaux, lors de la naiſſance du ſouverain
Paſteur des ames.

Mais on demandera peut-eſtre d'où vient que l'E-
gliſe toûjours conduite par un eſprit de ſageſſe & de
raiſon, nous preſente le Sauveur ſous la qualité de
paſteur, afin d'en faire le ſujet de nos meditations,
incontinent aprés avoir celebré les myſteres de ſa
mort & Paſſion ? ſans doute, c'eſt que dans cette
meſme Paſſion il a parfaitement remply les trois devoirs d'un veritable Paſteur : car avant ſa venuë, 1°.
Delaiſſés de paſteurs nous gemiſſions ſous la tyrannie
du loup infernal, de qui par le peché nous étions devenus la proye, *tanquam oves occiſionis.* 2°. Deſtituez
de guides nous marchions dans les deſerts de ce monde, comme des brebis égarées, qui n'avoient aucun
bercail arrêté pour s'y retirer, ſelon cette parole du
Prophete affligé : *Omnes nos quaſi oves erravimus, unuſ-
quiſque in viam ſuam declinavit.*

3°. Attenuez par le défaut d'alimens ſpirituels,

nous languiffions fans force, & fans vertu : *velut arie-*
tes non invenientes pafcua. Or le Sauveur, 1º. nous a
délivré de la cruauté du loup, en mourant pour nous
en l'arbre de la Croix, où ce bon Pasteur a donné fa
vie pour fes brebis : *bonus Pastor animam fuam dat pro*
ovibus fuis. 2º. Il nous a raffemblé comme des brebis
difperfées, & nous a mis dans un bercail affuré, en
nous ouvrant fon côté fur la Croix : *habeo alias oves*
quæ non funt de hoc ovili, & oportet illas me adducere, &
fiet unum ovile & unus pastor. 3º. Il nous a procuré un
aliment divin, en nous donnant à manger fa chair
immolée à la Croix : *Qui manducat meam carnem habet*
vitam æternam. Ne cherchons donc point d'autre raifon
de la difpofition des veritez que l'Eglife nous pro-
pofe chacune en fon lieu , & ceffons de demander
pourquoy elle n'honore point en Jefus-Chrift la qualité de pafteur lorfqu'il changea l'eau en vin aux nô-
ces de Cana , ou qu'il multiplia dans le Defert les
Pains & les Poiffons avant la fefte de Pâques , &
qu'elle en a refervé la confideration lorfqu'il fe fut
fait luy-mefme nôtre Pâque ; puifque pour lors il ne
donnoit aux hommes qu'un aliment materiel &
corruptible, & qu'il ne nous procuroit qu'une vie
paffagere & periffable : examinons ces importantes
veritez.

PREMIERE CONSIDERATION.

Que Jesus - Christ a parfaitement remply l'office de Pasteur en mourant pour ses brebis.

Vous direz peut-estre : Comment est-ce que le pasteur a vaincu le loup, puisque le loup a fait mourir le pasteur ? Je comprends bien que David fut un Pasteur victorieux, parce que, comme il disoit à Saül, il avoit tué le lion & l'ours qui venoient ravager son troupeau. *Pascebat servus tuus patris sui gregem, & veniebat leo vel ursus, & tollebat arietem de medio gregis, & persequebar eos, & percutiebam, &c.* Mais quand le pasteur au contraire a esté tué par le loup, comment le pasteur a-t-il vaincu le loup, & comment le troupeau a-t-il esté délivré ? Pour bien entendre ce mystere, il faut sçavoir, dit saint Augustin, que Dieu, à qui il n'étoit pas plus difficile de nous délivrer de la tyrannie du demon par la voye de la puissance, que par la voye de la justice, a jugé plus à propos d'user en cela, non de sa puissance, car qui pourroit resister à Dieu ? mais de la justice dont le demon est autant ennemy, qu'il est amateur de la puissance : *Diabolus non potentiâ Dei, sed justitiâ superandus fuit* ; ce qui dans l'ordre de la Providence est arrivé, parce que le demon ayant fait mourir injustement celuy qui ne luy devoit rien, & sur lequel il n'avoit rien à prétendre, *& in me non habet quicquam* : il a esté justement dépoüillé du domaine qu'il exerçoit sur tous les hommes, qui par le peché de leur premier Pere, étoient devenus ses debiteurs : *Quia cùm in Christo nihil morte dignum inveniret, occidit eum tamen, & utique justum est, ut debitores quos tenebat, liberi dimittantur in eum credentes quem sine ullo debito occidit :* & c'est en ce sens, continuë saint Augustin, qu'il faut entendre l'Apostre quand il dit que nous avons esté justifiez dans le sang de Jesus-Christ. O merveille inouïe, le Pasteur innocent est frappé, & les brebis coupables sont délivrées ! le Pasteur perd la vie, & les brebis la recouvrent ! le Pasteur est vainqueur, parce qu'il est vaincu ! le Pasteur est enchaîné, & les brebis sont mises en liberté : *omnium captivorum amisit servitutem, dum nihil sibi debentis persequitur libertatem,* dit saint Leon : le Pasteur est devenu Prêtre, parce qu'il est devenu victime : *ideò victor quia victima, ideò Sacerdos quia sacrificium.* Le loup en faisant mourir le pasteur, s'est donné la mort à luymesme : il a répandu le sang précieux du Pasteur qui devoit servir de rançon pour délivrer les brebis : *conscidisti saccum meum, & implevisti me lætitiâ :* Vous avez ouvert le sac de ma mortalité, ô mon Dieu, disoit Jesus-Christ par la bouche du Prophete, & vous m'avez comblé de joye : le Sauveur portoit nôtre rançon dans ses veines, on ouvrit ce sac dans sa Passion, & de ces veines ouvertes découla le prix du salut de l'univers, *confossus est saccus, apertum est latus lanceâ, & manavit pretium orbis terrarum.* Le demon par ses supposts a attaché Jesus - Christ à la Croix ; mais le Sauveur ainsi attaché est devenu le serpent mysterieux élevé dans le Desert, à l'aspect duquel les brebis blessées

qui l'ont regardé, ont esté gueries des morsures du
serpent ancien : *intulit supplicium Filio Dei, quod cunctus fi-
liis hominum in remedium verteretur*, dit saint Leon : le demon a fabriqué une Croix, & elle est devenuë l'Arche
du nouveau Noé, laquelle a sauvé le genre humain
du naufrage : *sola digna tu fuisti ferre mundi pretium, atque portum præparare nauta mundo naufrago* : ainsi le demon a détruit son empire par les mesmes moyens
dont il vouloit se servir pour détruire celuy de Jesus-
Christ : *ut unde mors oriebatur inde vita resurgeret.*

2°. Mais aprés que nôtre divin Pasteur en souffrant
la mort a vaincu le demon par la voye de la justice,
il a voulu le surmonter par la voye de l'autorité, en
se ressuscitant luy-mesme, brisant les portes de l'enfer, délivrant les brebis que le demon y tenoit cap-
tives, & élevant cette chair mortelle que le demon
avoit injustement crucifiée, jusqu'au plus haut des
cieux, & à la droite du Pere où elle a esté glorifiée, &
d'où ce divin Pasteur par sa puissance a détruit l'injuste
tyrannie du loup infernal, & a enchaîné ce fort
armé : *Quid enim justius, quàm usque ad mortem crucis
pro justitia pervenire ? & quid potentius quàm resurgere à
mortuis, & in cælum cum ipsa carne in qua occisus est as-
cendere ? & justitiâ ergo prius, & potentiâ postea diabolum
vicit, justitiâ scilicet, quia nullum peccatum habuit, & ab
illo injustissimè est occisus ; potentiâ verò, quia revixit mortuus
nunquam postea moriturus.* Egalement vainqueur & par
sa mort, lorsque le demon ennemy de la justice
croyoit l'avoir vaincu : & par sa resurrection, lors
que le demon amateur de la puissance se croyoit vain-

queur : de sorte que Jesus-Christ a esté à la mort, ce que la mort étoit à l'homme, il a esté à l'enfer ce que l'enfer étoit au genre humain, *ô mors ero mors tua, morsus tuus ero inferne :* il a esté au serpent ce que la pomme avoit esté à Adam : ô merveille inoüie, s'écrie saint Jerôme, la mort a elle-mesme trouvé la mort dans la mort du Sauveur ! ô mort qui devoriez, vous avez esté devorée, & vous avez fait trouver la vie aux brebis dans la mort que vous avez causée au Pasteur ! ô *mors, illius morte tu mortua es, illius morte nos vivimus !*

Enfin, nôtre divin Pasteur aprés avoir vaincu le demon par la voye de la justice dans sa mort, & par la voye de la puissance dans sa resurrection, a pleinement triomphé de luy par la réünion de la justice, & de la puissance dans son Ascension, étant entré au Ciel dans l'exercice de sa qualité de Juge des demons, qui par la bouche des hommes puissans & injustes, l'avoient fait condamner sur la terre : *Potentiâ quippe adjunctâ justitiæ, vel justitiâ accedens potentiæ judiciariam potestatem facit,* continuë saint Augustin : office glorieux que ce divin Redempteur exercera pleinement dans toute son étenduë au dernier jour, lorsqu'assis dans le trône de sa gloire, il mettra, comme souverain Pasteur, les brebis à sa droite, & les boucs à sa gauche. *Separabit eos ab invicem sicut Pastor segregat oves ab hædis :* & c'est ainsi, ajoûte encore saint Augustin, que le demon vainqueur du premier Adam, & le tyran du genre humain, sorti de ce premier homme, a esté vaincu par le second Adam sorti du genre humain, mais exempt du peché du premier homme, & a perdu son domaine sur le peuple Chrétien, qui s'est échapé de la captivité du genre humain, purifié du peché du premier homme, dans le sang de celuy qui né de l'homme, étoit exempt du crime de l'homme : *diabolus victor primi Adami, & tenens genus humanum, victus à secundo Adamo amisit genus Christianum liberatum ex humano genere ab humano crimine per eum qui non erat in crimine, quamvis esset ex genere, ut deceptor ille ab eo vinceretur genere, quod vicerat crimine.* Telle est la haute Theologie de ce grand Docteur, qui nous explique d'une maniere si sublime comment le Sauveur de l'homme, s'est par sa mort montré le Pasteur de l'homme : pourquoy donc s'étonner si l'Eglise aprés avoir honoré Jesus-Christ comme sa victime, l'honore aussi-tôt comme son Pasteur ? Mais que tous les pasteurs reçoivent icy l'excellente leçon que leur fait saint Augustin, & qu'ils apprennent à ne point imiter dans leur conduite le demon ennemy de la justice, & amateur de la puissance, *amator potentiæ, & desertor oppugnatorque justitiæ :* qu'ils sçachent que la justice leur est recommandée en cette vie, & que la puissance leur est promise en l'autre, par celuy-mesme qui tout puissant qu'il est, n'a voulu opposer que la justice à ce superbe amateur de la puissance : *& sic à moriente tam potente nobis mortalibus impotentibus commendata est justitia, & promissa potentia :* & qu'ils soient enfin persuadez qu'ils ne vaincront jamais un si redoutable adversaire que par les mesmes armes avec lesquelles Jesus-Christ l'a vaincu : *atque ita & homines imitantes Christum justitiâ,*

justitiâ quærerent vincere diabolum , non potentiâ , estant
certain que lorsque les pasteurs sont plus amateurs
de la puissance que de la justice , ils imitent plus le
demon que Jesus-Christ : *Sic enim homines dæmonem
tantò magis imitantur, quantò magis neglectâ , vel etiam pe-
rosâ justitiâ , potentiæ student, ejusque vel adeptione lætantur,
vel inflammantur cupiditate.* Donnez , Seigneur , à vôtre
Eglise , des Superieurs de qui l'autorité soit subordon-
née à la justice ; de qui les passions soient soumises à la
raison ; de qui la force se tire de la patience : faites-
nous comprendre , ô souverain Pasteur , que nous
sommes moins pasteurs que brebis : & que comme
ces simples animaux , en cela bien differens des autres , n'ont aucunes armes offensives ni défensives ;
qu'elles ne peuvent ni attaquer ni se défendre , ni
nuire : qu'elles ne sçauroient se conduire, se nourrir,
ni se conserver sans le secours du Pasteur : ainsi , que
nous ne devons point nous appuyer sur un bras de
chair , ni nous servir d'une autorité purement secu-
liere, pour obliger les Fideles à se soumettre à nous ;
mais rechercher uniquement du secours dans vôtre
houlette pastorale , de peur que recourant à la vio-
lence , qui est naturelle aux loups , nous ne nous
ôtions de dessous la protection du Pasteur qui défend
les brebis , & non les loups , dit saint Chrysostome :
*Erubescamus igitur qui longè diversa facientes , tanquam lupi
in adversarios ruimus : nam quamdiu oves fuerimus , vincimus,
etiamsi mille circunstent lupi , superamus, & victores sumus :
quòd si lupi fuerimus , vincimur, tunc enim à nobis pastoris
auxilium recedit , qui non lupos , sed oves pascit.*

O ooo

SECONDE CONSIDERATION.

*Que Jesus Christ a parfaitement remply l'office de Pasteur,
en rassemblant ses brebis en un seul bercail.*

Jesus-Christ n'a pas seulement montré qu'il étoit
le bon Pasteur, en nous délivrant de la tyrannie du
loup infernal, qui se croyoit alors vainqueur, mais
dans le temps mesme de cette triste mort, auquel ses
brebis sembloient estre dispersées, & son troupeau détruit ; c'est alors qu'il a voulu par un effet de sa puissance & de sa sagesse, les réünir en un seul bercail,
comme dans un azile inaccessible au demon, amateur de la division. Ne dites donc point comment
cette merveille a-t-elle pû s'accomplir, puisqu'il est
écrit : Je frapperay le Pasteur, & les brebis seront dispersées : *Percutiam Pastorem, & dispergentur oves.* La dispersion d'un troupeau estant une suite necessaire de
la mort du pasteur, & que c'est dans ce moment
favorable que le loup ravit, enleve, & ravage les
brebis, suivant la parole mesme du bon Pasteur, *&
lupus rapit & dispergit oves :* Désolation que le Sauveur
avoit luy-mesme prédite devoir arriver, lorsque peu
d'heures avant que de se livrer pour nous, il avoit
dit à ses Disciples effrayez, comme à des brebis alar-
mées : L'heure va venir, que vous allez estre tous dis-
persez & separez : *Venit hora, & jam venit, ut unus-
quisque vestrûm dispergamini in propria.* Comment donc
est-il vray, & comment peut-il estre mesme possi-

ble, que Jesus-Christ, lors de sa mort, & de la dispersion de ses brebis, les ait rassemblées dans un seul bercail, qui leur a servi de refuge assuré, & qui les contiendra jusqu'à la fin des siecles ? de quelle maniere a-t-il executé un si grand dessein ? Voicy comment.

1° En établissant son Eglise lors qu'il estoit sur la Croix : remontons à l'origine des choses, & voyons dans la constitution du monde ce qui se devoit passer dans la reparation du monde : Il est écrit que pendant le sommeil du premier homme, le souverain Ouvrier de l'univers prit une coste de cet homme endormy, pour en former la femme, & en faire l'épouse de ce premier homme : *immisit ergo Dominus soporem in Adam, cumque obdormisset, tulit unam de costis ejus, & ædificavit costam quam tulerat de Adamo in mulierem, & adduxit eam ad Adam.* Figure mysterieuse de l'établissement de l'Eglise, sortie du costé de son époux endormy sur la Croix, & formée de son sang adorable. Adam dort, dit saint Augustin, afin de donner lieu à la formation d'Eve, *dormit Adam, ut fiat Eva:* Jesus-Christ meurt, afin de donner lieu à la formation de l'Eglise, *moritur Christus, ut fiat Ecclesia.* Eve se tire du costé d'Adam endormy dans le Paradis; l'Eglise se tire du costé de Jesus-Christ mort sur la Croix : *dormienti Adæ fit Eva de latere, mortuo Christo lanceâ percutitur latus, ut profluant Sacramenta, quibus formatur Ecclesia :* Le temps de la mort qui rompt les mariages les plus unis, est celuy que Jesus - Christ prend pour s'unir une épouse dont il ne se désunira jamais : le sang découle de son costé percé , & ce sang devient le prix de la redemption de ses brebis : l'eau découle du mesme costé pêle-mêle avec le Sang, & c'est cette eau qui purifie l'Eglise , & de ce sang & de cette eau se forme l'Eglise toute brillante de splendeur & de gloire , & selon l'Apostre , sans tache & sans ride : sans tache , parce que Jesus-Christ a répandu son sang pour la laver dans ce bain mysterieux : sans ride, parce qu'il l'a étenduë en son Corps sur la Croix : *mundatur ut non habeat maculam*, dit saint Augustin , *extenditur ut non habeat rugam.* Ce sang & cette eau sont les symboles de nostre redemption & de nostre regeneration , & des Sacremens dont Jesus-Christ a dotté son Epouse , particulierement le Baptême, qui l'a fait naître à la vie de la grace , *aquæ quas vidisti populi sunt* , & l'Eucharistie qui entretient & perfectionne en elle cette vie de la grace , & qui luy est un gage assuré de la gloire future que cet Epoux de sang luy promet , en contractant ce divin mariage avec elle. Montez sur la Croix, celeste Epoux , dit saint Augustin , *Ascendat Sponsus noster thalami sui lignum* ; montez sur la Croix , divin Epoux, comme sur un lit nuptial : *ascendat Sponsus noster thalami sui lectum* : dormez de ce sommeil mysterieux , ô nouvel Adam , couché sur la Croix comme sur un lit de délices , & que l'Eglise , cette épouse vierge & pure , sorte de vôtre côté ouvert : *dormiat moriendo , aperiatur ejus latus , & Ecclesia prodeat virgo : ut quomodo Eva facta est ex latere Adæ dormientis, ita & Ecclesia ex latere Christi in Cruce pendentis.* Ce sont là ces celebres nô-

ces où ce divin Epoux s'étant uni à son Epouse , a
quitté son pere & sa mere ; c'est-à-dire, le peuple
Juif & la Synagogue , pour s'attacher inviolablement
à l'Eglise son épouse : *relinquendo Synagogam Judæorum,*
dit saint Augustin, *de qua secundùm carnem natus est , &*
inhærendo Ecclesiæ quam ex omnibus gentibus congregavit.
Qu'on ne dise donc point que le troupeau de ce souverain Pasteur a esté dispersé lors de sa mort ; qu'on
dise plûtôt que c'est alors qu'il l'a rassemblé ; & qu'il
se l'est attaché par un lien indissoluble , puisque de
cet Epoux & de cet Epouse , de ce Pasteur & de ces
brebis, s'est formé un seul tout, qui de deux n'en a
fait qu'un : *sic ergo Christus adhæsit Ecclesiæ , ut essent duo*
in carne una , dit saint Augustin : Vous étiez autre-
fois, ô Gentils, avant les souffrances de ce divin Pasteur , & sa mort sur la Croix, comme des brebis
errantes , selon l'Apostre saint Pierre , dans l'Epître
d'aujourd'huy, *Christus passus est pro nobis , &c. eratis*
enim sicut oves errantes. Mais maintenant vous vous
estes réünies sous la conduite du Pasteur de vos ames ,
sed conversi estis nunc ad Pastorem & Episcopum animarum
vestrarum. Combien donc l'Eglise paroît-elle divine-
ment inspirée, lorsqu'aprés avoir celebré les Mysteres
de la mort & Passion du Sauveur , elle honore sa qualité de Pasteur, ou plûtôt qu'elle joint ces deux mysteres ensemble pour en faire l'objet unique de ses
adorations , de sa reconnoissance & de son amour ,
& pour reverer avec un étonnement religieux, l'ac-
complissement de la Prophetie de ce souverain Pasteur, qui disoit aux Juifs, chefs de l'ancien troupeau :

O ooo iij

J'ay d'autres brebis qui ne font pas de voftre bercail , *alias oves habeo , quæ non funt ex hoc ovili :* & qu'il faut qu'on m'amene , afin que je les raffemble dans une mefme bergerie, & que je fois leur unique pafteur : *& illas me oportet adducere , & fiet unum ovile , & unus Paftor.* Prédiction que le Pontife Juif par une lumiere attachée à fon caractere, avoit fait fans la comprendre, difant qu'il falloit que Jefus-Chrift mourût pour le falut de tous : *hoc autem à femetipfo non dixit , fed cùm effet Pontifex anni illius prophetavit quòd Jefus moriturus effet pro gente :* Paroles qu'il profera fans en penetrer le fens, pour marquer, dit l'Apoftre, que Jefus-Chrift par fa mort raffembleroit les brebis difperfées de la Gentilité , ou plûtoft de tout le monde , dans un feul bercail , *ut filios Dei qui erant difperfi congregaret in unum.* Il s'enfuit donc de toute cette excellente doctrine, que Jefus-Chrift par fa mort a étably l'Eglife comme un bercail pour y raffembler fes brebis, que cette mort mefme auroit dû difperfer , & que l'Eglife, cette nouvelle Jerufalem époufe de l'Agneau a efté comme conftruite & édifiée, pour parler ainfi, du côté de fon Epoux : & que cette ancienne expreffion s'eft accomplie fur la Croix : *& ædificavit coftam quam tulerat de Adamo in mulierem.*

II°. En fecond lieu, fi Jefus-Chrift a montré qu'il étoit le veritable Pafteur, en délivrant par fa mort fes brebis de la cruauté du loup; & en les réüniffant dans un mefme bercail, il ne l'a pas moins fait dans la maniere dont il luy a plû de multiplier fon troupeau, laquelle tient toûjours du mefme caractere de fon éta-

blissement. Le troupeau de Jesus-Christ s'est formé
sur la Croix : il se multipliera dans les souffrances ;
ce qui s'est passé dans le corps naturel de ce souverain
Pasteur , doit se passer dans son corps mystique , qui
n'en est qu'une extension : la mort & la virginité qui
devroient estre les causes de l'extinction du genre humain , feront la multiplication du peuple Chrétien ,
& le sang des Martyrs sera la semence feconde de
leur accroissement , *sanguis femen est Christianorum* , di-
soient les premiers Peres : plus la faux des persecuteurs
a-t-elle ravagé la moisson de l'Eglise , plus ce sacré
terroir a-t-il pullulé de Saints : les mesmes causes qui
ont donné lieu à la naissance de l'Eglise , ont contri-
bué à son augmentation : les souffrances des Apôtres ,
premiers Pasteurs du troupeau de Jesus-Christ , n'ont
esté que la continuation , & comme la consommation
des souffrances du premier Pasteur : *adimpleo ea quæ de-*
sunt passionum Christi in carne mea pro corpore ejus quod est
Ecclesia , disoit saint Paul : de sorte que la multiplication du Peuple de Dieu , ou des brebis de Jesus-
Christ , s'est faite par les mesmes voyes qui sembloient la devoir empescher. Qui l'auroit crû, qu'il
falloit des brebis afin de convertir des loups , & de
les changer eux-mesmes en des brebis ? quelle nouvelle mission est celle-cy ? *Ite, ecce ego mitto vos sicut*
oves in medio luporum : allez brebis, non seulement porter ma parole à des loups qui vous déchireront , &
vous dévoreront, mais les transformer en des agneaux ;
car c'est ainsi que vous ferez éclater ma puissance &
ma vertu , non seulement en vous laissant patiem-

ment dévorer à la rage des loups ; mais en dévo-
rant par voftre patience , les loups mefmes qui vous
auront devorez : *Sic enim virtutem meam maximè often-*
dam , dit faint Chryfoftome, *cùm ab ovibus lupi fupe-*
rabuntur , & quamvis illæ fint in medio luporum , & in-
numeris morfibus lacerarentur , non modò non confumpti fue-
rint, verùm illos in fui naturam transmutaverint. Merveille
infiniment plus grande de changer ainfi l'efprit & le
cœur des hommes infideles & barbares, & de les en-
fanter à la foy , que de les furmonter par la force,
& de les faire perir par le tranchant de l'épée, fur
tout ce grand ouvrage devant s'accomplir par le mi-
niftere de douze pauvres Brebis expofées à la cruauté
d'un nombre infiny de loups dont le monde eftoit
plein : *Præfertim cùm duodecim tantùm eßent , & lupis ple-*
nus eßet orbis terrarum , continuë le mefme Pere : & ce
qui doit furprendre encore davantage, c'eft qu'il faut
que ces brebis , toutes paifibles & defarmées qu'elles
foient, deviennent redoutables aux loups, & que les
Magiftrats les plus feroces tremblent devant un Apô-
tre enchaîné, *tremefactus Felix Paulo difputante* : mais
quoy, les brebis font ce qu'un agneau a fait, *occifus*
agnus à lupis, & faciens agnos de lupis , dit faint Augu-
ftin ; les lions & les loups qui entrerent dans l'Arche
de Noé, en fortirent avec leur mefme nature de
lions & de loups ; mais les pecheurs les plus endurcis
qui entrent dans le bercail du Fils de Dieu, s'y revê-
tent d'une autre nature, & en fortent changez en brebis & en agneaux , *faciens de lupis agnos.* Saint Paul ,
ce loup raviffant , fera changé en une brebis deftinée

au sacrifice , & Rome idolâtre en une cité sainte ; ne nous étonnons pas de ces merveilles , continuë saint Chrysostome , ne fut-ce pas avec de la bouë toute propre à faire perdre les yeux , que Jesus-Christ rendit la vûë à l'Aveugle né ? *Lutum enim imposuit, & quomodo per lutum cæcum curavit , ita etiam per crucem mundum adduxit.* Que les Pasteurs imitent ce divin original , que le bon exemple de leurs vertus , de leur patience , de leur charité , de leur détachement , convertisse les plus grands pecheurs , & les change en des penitens humbles & soumis, sans qu'il soit besoin d'autres armes : *Clericorum arma , orationes & lachrymæ :* Que les reflexions d'un homme mondain sur les vertus de son Pasteur , tirent des larmes de ses yeux , & luy fassent frapper sa poitrine. La belle chose que d'estre utile en ne faisant que se montrer , dit saint Ambroise : *Quàm pulchrum est ut videaris & profis !* d'instruire par son silence , *hos vidiße erudiri est !* de reprendre les vices par la seule beauté de sa vertu ; *in quorum conspectu vitia suffundantur, pravi mores erubescant !* de fermer la bouche de l'impie sans ouvrir la sienne ; & par la seule douceur de son entretien indifferent, donner le goust du salut éternel ,ainsi qu'il est dit d'un saint Martin : *Quem vidiße instar salutis erat :* qu'aprés avoir changé les élemens au corps & au sang du souverain Pasteur, on change les loups en des brebis de son bercail, & que l'on continuë ainsi d'accroistre par les souffrances , le bercail de l'Eglise que Jesus-Christ a premierement formé sur la Croix par les siennes.

P ppp

I I I°. Enfin Jeſus-Chriſt a montré dans ſa mort qu'il eſtoit le bon Paſteur, en procurant à ſes brebis leur aggregation au troupeau fidele, qui du bercail de l'Egliſe, paſſera un jour dans les tabernacles éternels, lorſque cette parole s'accomplira dans toute ſa plenitude : *Et fiet unum ovile & unus paſtor :* ce que ſaint Paul nous décrit en ces termes ſi dignes d'être conſiderez : Enſuite, dit ce grand Apoſtre, ſera la fin de tout, ou la conſommation de toutes choſes : *deinde finis :* lors que Jeſus-Chriſt aura remis à Dieu ſon Pere le royaume, c'eſt-à-dire, l'Egliſe ou le bercail fidele : *cùm tradiderit regnum Deo & Patri*, & qu'il aura détruit toute principauté, toute puiſſance, & toute vertu ; c'eſt-à-dire, les loups infernaux, ennemis de ſon troupeau : *cùm evacuaverit omnem principatum, & poteſtatem, & virtutem.* Car il faut qu'il regne juſqu'à ce qu'il ait mis tous ſes ennemis ſous ſes pieds : *oportet autem illum regnare, donec ponat inimicos ſuos ſub pedibus ejus.* Non que cela fait, Jeſus-Chriſt doive ceſſer de regner, ou d'être Meſſie, Roy, Pontife éternel, Mediateur & Paſteur ; mais parce que quand il aura remporté cette derniere victoire, ſon regne ſera parfaitement étably pour jamais : de ſorte qu'aprés avoir recueilly l'Egliſe de toutes les parties de la terre, & pendant tous les ſiecles, il la remettra ainſi ramaſſée & compoſée de toutes ſes brebis, pour eſtre à jamais le peuple ſaint, & la cité rachetée, où Dieu ſera glorifié en Jeſus-Chriſt & par Jeſus-Chriſt, qui rendra ainſi à ſon Pere pour les glorifier, ceux que ſon Pere luy avoit donnez pour les ſanctifier : & en-

fin, où Dieu fera tout en tous. Et c'eft ainfi que Jefus-Chrift remettra le royaume à fon Pere, non en fe
dépoüillant de fon autorité, dit faint Hilaire, mais
en nous donnant à fon Pere pour eftre fon royaume,&
nous confommer dans la fainteté ; *regnat itaque Dominus*
traditurus Deo Patri regnum , non regni poteftate cariturus ,
fed nos qui regnum ejus fumus , Deo Patri traditurus in regnum :
ce qui fera la fin de toutes chofes, non par une pom-
pe humaine, ou une efpece de ceremonie, mais par
la confommation de l'œuvre de Dieu dans fes Saints
en Jefus-Chrift, toûjours Chrift, toûjours Sauveur,
toûjours Sanctificateur, toûjours Glorificateur, toûjours
Homme-Dieu, toûjours regnant avec tous fes Saints,
aufquels il fera uni comme le chef à fes membres ;
& toûjours noftre Pafteur, nous nourriffant de fa di-
vinité dans la bienheureufe éternité.

TROISIE'ME CONSIDERATION.

Que Jefus - Chrift a parfaitement remply l'office de Pafteur,
en nourrißant fes brebis de fa chair immolée
à la Croix.

Jefus-Chrift n'a pas feulement fait voir qu'il étoit
noftre Pafteur, en nous délivrant de la cruauté du
loup infernal, & en nous réüniffant dans fon Eglife,
comme dans un bercail affuré : mais il l'a fait encore
en nous donnant un celefte aliment pour entretenir
en nous la vie qu'il nous a procurée par fa mort, ce
qu'il a parfaitement accomply lors de fes fouffrances

sur la Croix : en sorte que c'est à juste titre, qu'aprés l'avoir honoré en qualité de Sauveur, nous devons le reverer sous celle de Pasteur ; sur tout nous donnant sa chair à manger , & nous faisant trouver dans cet aliment precieux une vie surnaturelle, une vie divine, une vie immortelle.

Une vie surnaturelle, puisque par cet aliment nostre divin Pasteur nous confere la grace , laquelle est à nostre ame, ce que l'ame est au corps, luy donnant le sentiment de la charité, & le mouvement des bonnes œuvres, l'unissant à son divin Auteur, source meritoire de toute grace , & l'élevant à une dignité d'être, d'operation, de merite & de recompense que nostre nature prise en elle-même, n'auroit pas droit d'éxiger, ny de prétendre, & où elle ne pourroit pas arriver : grace incomparablement plus abondante que celle des autres Sacremens, qui ne nous unissent pas si intimement à Dieu, vray effet de la grace ; qui ne sont pas si expressifs du Sacrifice sanglant de la Passion d'où découle toute grace ; qui n'en contiennent pas la réalité , le corps & le sang ; qui ne sont pas instituez pour nous rendre capables de toutes les fonctions de la vie spirituelle , ainsi que fait un aliment materiel & succulent de celles de la vie corporelle, & sans doute que l'aumône que fait un grand Roy par luy-même, est toute autre que celle qu'il fait par autruy : enfin , l'Eucharistie nous donne Jesus-Christ même, la grace essentielle & subsistante. Telle est la dignité de cette grace, ou plûtost de cette vie surnaturelle, que ce Sacrement produit en nous. Telle est l'excellence

de cet aliment furnaturel dont noftre fouverain Pafteur nourrit fes brebis , nous communiquant non
feulement une vie furnaturelle , mais de plus une vie
immortelle : en effet , la grace fanctifiante ou la charité , de fa nature , à la difference de la foy , de l'ef-
perance , de la fcience, & des autres femblables dons ,
doit toûjours durer , fi le peché mortel ne l'éteint :
crime d'autant plus digne d'un fuplice fans fin , qu'il
détruit un bien qui eft capable de fubfifter toûjours :
car ce que nous ferons immortels aprés la refurre-
ction , vient de ce qu'en cette vie , nous aurons reçû
en effet , ou en droit , ce levain d'incorruption , cet
antidote contre la mort , ce germe de l'immortalité.
En dernier lieu , la vie qui nous eft communiquée
dans ce Sacrement , eft la vie de Jefus-Chrift même,
puifque felon les faints Peres , l'Euchariftie eft une
extenfion & une renovation du myftere de l'Incar-
nation , tant à caufe de la production de Jefus-Chrift
fur nos Autels , qu'à raifon de fon incorporation
avec celuy qui s'en nourrit par la communion ,
& avec lequel il s'unit , non feulement par la foy ,
ce qui eft commun aux autres Sacremens , mais fub-
ftantiellement , & ainfi que l'aliment s'unit à celui
qui le mange. Or comme la vie dont jouït Jefus-
Chrift n'eft plus fujette à la mort , il s'enfuit que nous
communiquant fa vie , il nous communique une vie
de fa nature immortelle , & qui ne devroit jamais fi-
nir : *oves meæ vocem meam audiunt , & ego vitam æter-*
nam do eis. O vie immortelle qu'un fruit terreftre nous
avoit ôté , & qu'un fruit celefte nous a rendu ! O Sei-

P   ppp iij

gneur, de qui les dons ne font pas moins merveil-
leux en leur grandeur, que permanens en leur du-
rée, parce qu'ils ne font qu'un écoulement de ce que
vous êtes, & que vous vous donnez vous-même avec
eux ! Vos ouvrages fe fentent toûjours de la puiſſance
de celuy qui les a faits, & rien n'émane de vous, ô
Roy des ſiecles, qui ne doive durer au delà des
ſiecles.

En troiſiéme lieu, noſtre divin Paſteur en nous
donnant ſa chair immolée à manger, nous communique une vie toute divine : premierement, parce
que la grace n'eſt qu'une participation, & comme
un écoulement de la nature divine. Secondement,
l'Euchariſtie eſt le pain de Dieu, *panis Dei*, comme il eſt dit dans l'Evangile : à quoy il faut ajoûter,
que la vie eſt de même nature que l'aliment dont
on l'entretient. Or l'Euchariſtie eſt un aliment divin,
elle renferme Jeſus-Chriſt vray Dieu & vray homme : noſtre vie doit donc eſtre divine, & pour parler avec les Peres, comme deux cires mêlées enſem-
ble ne font qu'une même maſſe, le levain & la paſte
un même pain, la vie du chef & des membres, de
la tige & des branches, une même vie & un même
vivant, l'aliment & celuy qui le mange, un même
compoſé ; ainſi dans ce Sacrement étans faits par la
communion un même tout avec Jeſus-Chriſt, une
même ame, un même corps, une même chair, une
même ſubſtance, il s'enſuit que nous ſommes heu-
reuſement mêlez, confondus & transformez, & par
conſequent diviniſez en Jeſus-Chriſt : & ainſi, que

nous participons à la même vie , &en quelque maniere à la même grace de l'union hypostatique , &
aux impressions de la personne adorable du Verbe ,
sur l'humanité de Jesus-Christ , qui nous assure , ce
qui est le comble, que la même vie qu'il reçoit dans
le sein de son Pere de toute éternité , & qui le fait
vivre de la même vie avec son Pere : c'est cette même vie qu'il nous communique dans l'Euchariftie,
& qui nous fait vivre de la même vie que luy : *sicut misit me vivens Pater , & ego vivo propter Patrem ;
& qui manducat me , & ipse vivet propter me.*

Qui peut après cela ne pas avoüer que Jesus-
Christ a parfaitement remply les devoirs d'un bon
Pasteur, en nourrissant ses brebis d'un tel aliment ,
& en leur procurant une telle vie? *Bonus Pastor pro ovibus suis , animam suam posuit* , dit saint Gregoire , dans
l'Office de ce jour : il a montré qu'il étoit le bon Pasteur, & en donnant la vie à ses brebis par son immolation , & en nourrissant ses brebis de sa chair immolée : *Ut in Sacramento nostro corpus suum & sanguinem
verteret , & oves quas redemerat , carnis suæ alimento sa-
tiaret.*

Admirons cet esprit de sacrifice & d'immolation
dans les Pasteurs & les Fideles des premiers siecles,
& tâchons de le renouveller en nous dans ces der-
niers temps , puisque nous avons toûjours pour Pasteur celuy qui s'est immolé pour nous , & que nous
ne sommes pas nourris d'un autre aliment, que de
cette chair qu'il a immolée pour nous. C'est ce que
nous pourrons voir dans les deux histoires suivantes,

tirées des plus anciens & plus aſſurez monumens
de l'Egliſe. La premiere eſt de ſaint Cyprien : Ce
grand Evêque, ſi celebre par ſon éloquence, par ſa
doctrine, par ſon zele, par ſes actions, par ſon martyre, nous aſſure la choſe du monde la plus édifiante,
& que nous ne ſçaurions aſſez admirer : Il écrit à un
Evêque nommé Succeſſus, ſur les bruits qui couroient
au ſujet des Edits de Valerien contre l'Egliſe, & dont
ce Prélat n'étoit pas bien éclaircy. Saint Cyprien pour
luy apprendre au vray la choſe comme elle étoit, luy
mande : Que le reſcrit de cet Empereur au Senat, portoit expreſſement qu'on eût à ſe ſaiſir ſans délay des
Evêques, des Prêtres, & des Diacres, pour les faire
mourir ſur le champ : *Reſcripſiſſe Valerianum ad Senatum,*
ut Epiſcopi, Preſbyteri, & Diacones, in incontinenti ani-
madvertantur : Que ce Decret étoit envoyé dans toutes
les Provinces de l'Empire pour y être executé : *ſubjecit*
etiam Valerianus Imperator orationi ſuæ exemplum litterarum
quas ad Præſides Provinciarum de nobis fecit : qu'à Rome
le Pape Xiſte avoit déja paſſé par le tranchant du
glaive, & qu'on y faiſoit ſans ceſſe une exacte per-
quiſition des Eccleſiaſtiques pour les livrer aux bourreaux : que de jour à autre on attendoit à Carthage
cette Ordonnance imperiale ; qu'il l'informe de ces
choſes, afin qu'il les faſſe ſçavoir à tous les autres Evêques de l'Affrique, afin que par les exhortations des
Paſteurs & leur bon exemple, les Fideles ſe tiennent
preſts à ſoûtenir, auſſi-bien que les Eccleſiaſtiques,
ce rude combat : *ut ubique hortatu eorum poſſet fraternitas*
corroborari, & ad agonem ſpiritalem præparari. En un mot,
qu'ils

qu'ils s'occupent tous , Prestres & peuples , de cette maxime si necessaire , qu'un Chrétien , sur tout dans ces occasions , doit plus songer à l'immortalité qu'à la mort : *ut singuli ex nostris , non magis mortem cogitent , quàm immortalitatem :* & que celuy qui est mort au monde , ne compte plus les jours du monde. Mais ce qui fait entierement à nostre sujet , & que l'évenement justifia depuis ; c'est qu'il assure que tous les Ecclesiastiques qui composoient le Clergé de Carthage , attendoient de moment en moment l'arrivée de cet Edit , & cela avec tant de resignation , qu'ils ne s'occupoient d'autre chose que de se tenir prests à se livrer ; en sorte même qu'ils n'avoient pû songer à luy écrire plûtost , étant à la veille de se voir tous martyrisez , & qu'il n'y en avoit point qui ne fût si embrasé du zele de répandre son sang pour la foy , qu'aucun d'eux n'avoit voulu s'éloigner pour luy aller porter cette Lettre , crainte de perdre l'occasion du martyre : *ut non vobis incontinenti scriberem , Frater carissime , illa res fecit : quòd universi Clerici sub ictu agonis constituti, recedere istinc omninò non poterant , parati omnes pro animi sui devotione ad divinam & cælestem gloriam.* Quel spectacle glorieux aux yeux des Anges & de Dieu même , voir tous les Ecclesiastiques d'un Clergé nombreux disposez au martyre,& attendre impatiemment l'heure de donner leur vie pour satisfaire aux devoirs de leur ministere ! d'abandonner toute autre pensée pour ne se remplir que de celle du sacrifice d'eux-mêmes, & de ne vouloir s'absenter un moment, crainte de manquer un tel bonheur. *Parati omnes pro animi ſui devotione ad divinam & celeſtem gloriam.* Telle fut l'exemple de ces Paſteurs, qui fut fidellement imité par leurs brebis; car la multitude de Fideles qui ſouffrirent avec joye la mort en cette occaſion fut ſi grande, que les bourreaux, pour ne pas faire un trop grand monceau de teſtes & de corps mutilez, diſpoſoient ces innocentes victimes ſur une ligne le long d'un ruiſſeau pour les décapiter l'une aprés l'autre, & les jetter ſéparement dans l'eau, en ſorte que le lit de ce ruiſſeau en fut comblé : *in immenſam ſtruem corporum cumulus acervaret : ut ipſum ſpatium tantâ ſtrage completus alveus denegaret.*

Voicy un ſecond exemple encore plus édifiant : Gallus, Prince tres-cruel, excite à Rome une ſoudaine & violente perſecution ; la peſte ravageoit pour lors l'Empire ; on en accuſe les Chrétiens ennemis des dieux ; les Payens ſe jettent tout d'un coup ſur eux. L'ennemy croyoit par une ſi ſoudaine attaque, ſurprendre le bercail du bon Paſteur, & diſperſer ſes brebis effrayées : mais l'Egliſe Romaine encore toute aguerrie par les combats qu'elle venoit de ſoûtenir ſous l'Empereur Dece, ne s'étonne pas : Le ſaint Pape Corneille aſſemble ſon peuple, il ſe met à la teſte des Fideles. Il marche au tribunal des Juges, l'Evêque & le peuple, le Paſteur & les brebis tendent la gorge, diſpoſez à la mort pour le maintien de la Religion, & l'honneur de Jeſus-Chriſt, & toute l'Egliſe Romaine fait une haute & conſtante profeſſion de foy, *omnis Romana Eccleſia confeſſa eſt.* Quel ſpectacle ! écoutons ce que ſaint Cyprien écrit là-deſſus à ce ſaint Pape : Nous fçavons, dit-il, les glorieux témoignages de voftre foy, Mon tres-cher Frere, & la joye que nous en avons reffentie eft fi grande, qu'il femble que l'honneur en a rejailly fur nous, & que nous participons aux loüanges que vous meritez : à cette nouvelle, nous avons tous tant que nous fommes icy, treffailly d'une fainte allegreffe : en effet, qui n'en auroit efté tranf-porté, fçachant que vous avez marché à la tefte de voftre peuple, pour faire une profeffion autentique de la foy, *ducem te illic confeffionis fratribus extitiße,* & que cette genereufe & publique declaration du Chef du troupeau, s'eft augmentée par celle des fideles qui fe font joints à leur Pafteur : *fed & confeffionem ducis de fratrum confeffione creviße.* Marchant le premier à la gloi-re du martyre, vous avez infpiré aux autres le defir de vous fuivre & de vous imiter : *ut dum pracedis ad gloriam, multos feceris gloria comites.* Preft de profeffer la foy pour tout le peuple qui vous fuivoit, vous l'avez porté à joindre hautement fa declaration à la voftre : *& confefforem populum fuafcris fieri, dum primus paratus es pro omnibus confiteri.* En forte que nous ne fçavons qui loüer davantage, ou le zele du Pafteur à préceder fon peuple, ou le courage du peuple à feconder fon Pa-fteur. *Ut non inveniamus quid priùs pradicare in vobis de-beamus, utrùm ne tuam promptam & ftabilem fidem: an in-feparabilem fratrum charitatem.* L'Evêque allant devant le peuple a donné une preuve publique de fa vertu, & le peuple fuivant l'Evêque en a donné une de fon una-nimité : *virtus illic pracedentis Epifcopi publicè comprobata eft, adunatio fequentis fraternitatis oftenfa eft.* En un mot,

Q qqq ij

on ne peut faire un plus bel éloge de vous , qu’en difant que toute l’Eglife Romaine , d’un même cœur
& d’une même voix , a confeffé Jefus-Chrift : *dum
apud vos unus animus & una vox eft , Ecclefia Romana con-
feffa eft.* Cette foy que le bienheureux Apoftre a fi
hautement celebrée, s’eft renduë illuftre en cette oc-
cafion : Saint Paul prévoyoit dés lors en efprit , vôtre courage & vôtre fermeté ; & en loüant la vertu des
Peres prefens, il excitoit l’émulation des enfans à venir:
par vôtre union & par vôtre generofité, vous avez
donné un grand exemple à tous les Fideles : vous leur
avez appris qu’on ne peut eftre vaincu quand on eft
bien uni, & que le Dieu de paix accorde tout à ceux
qui vivant en paix , luy demandent en commun.
L’ennemy eftoit venu fondre fur l’armée de Jefus-
Chrift pour la mettre en défordre, mais il a efté vi-
vement repouffé : il avoit d’abord effayé d’en attaquer un , ainfi que le loup qui veut feparer une brebis du troupeau : car comme il n’eft pas affez fort
pour combattre les Fideles tous enfemble ; il cherche
à les prendre chacun à part , mais il a efté repouffé
vigoureufement par les efforts d’une armée bien unie :
Quel fpectacle aux yeux de Dieu ! quelle joye à l’E-
glife de Jefus-Chrift , de voir que l’armée toute en-
tiere de fes foldats foit fortie pour combattre l’ennemy ! car il eft certain que tous feroient venus s’ils
avoient oüy le bruit de la trompette , puifque tous
ceux qui l’ont oüie y font accourus.

Tel étoit alors le bercail de Jefus - Chrift , tels
étoient les Pafteurs, telles étoient les brebis. Et ce qui

donnoit une telle force aux uns & aux autres, c'est
qu'avant de se presenter au combat, ils avoient soin ,
selon la coûtume de ces temps-là , de se nourrir du
pain des forts , de se nourrir de cette chair que le
souverain Pasteur avoit immolée pour eux , afin qu'ils
eussent le courage de s'immoler pour luy.

Souverain Prestre & victime tout ensemble , vous
n'avez offert qu'une fois le sacrifice mystique , &
vous ne vous estes offert qu'une fois par le sacrifice
sanglant , mais vous n'avez pas moins esté victime
que Prestre dans l'une & dans l'autre de ces deux
actions : Le Cenacle & le Calvaire ont esté les lieux
& les Autels où vous avez également , quoyque dif-
feremment , exercé vôtre Sacerdoce , & répandu vôtre sang : Ah faut-il que nous vous imitions si mal ,
& que vous sacrifiant tous les jours , nous ne nous
immolions jamais !

F I N.

Mars 1707.

& en beaux caracteres, conformément aux Réglemens de la Librairie ; & qu'avant de l'expofer en vente, il en fera mis deux exemplaires dans nôtre Bibliotheque publique , un dans celle de noftre Chafteau du Louvre , & un dans celle de nôtre tres-cher & feal Chevalier Chancelier de France, le Sieur Phelyppeaux, Comte de Pontchartrain, Commandeur de nos ordres. Le tout à peine de nullité des Prefentes, du contenu defquelles, vous mandons & enjoignons de faire joüir l'Expofant, ou fes ayans caufe, pleinement & paifiblement , fans fouffrir qu'il leur foit fait aucun trouble ou empêchement : Voulons que la copie defdites qui fera imprimée au commencement ou à la fin dudit Livre , foit tenuë pour dûëment fignifiée, & qu'aux copies collationnées par l'un de nos amez & Feaux Confeillers & Secretaires, foy foit ajoûtée comme à l'original : Commandons au premier nôtre Huiffier ou Sergent, de faire pour l'execution d'icelles , tous actes requis & neceffaires , fans demander autre permiffion, & nonobftant clameur de Haro, Chartre Normande & Lettres à ce contraires : C A R tel eft nôtre plaifir. D O N N E' à Verfailles le vingtiéme jour de Fevrier , l'an de Grace mil fept cens fix, & de nôtre Regne le foixante-troifiéme. Par le Roy en fon Confeil, LE C O M T E,

Regiftré , ainfi que la Ceffion , fur le Regiftre de la Communauté des Libraires & Imprimeurs de Paris , page 78. Numero 161. conformément aux Réglemens, & notamment à l'Arreft du Confeil du 13. Aouft 1703. A Paris le 26. Fevrier 1706.

Signé, G U E R I N , Syndic.

Ledit Sieur Curé a cedé fon droit au prefent Privilege à Raymond Mazieres, Marchand Libraire, pour en joüir en fon lieu & place.